青い鳥の本

文　石井ゆかり

絵　梶野沙羅

風向きを知りたいときは、風見鶏を見上げます。水流の方向を知るためには、小川に木の葉を浮かべてみます。
私達が暮らす「時間」は、古くから水の流れや渡る風に喩えられてきました。もし、「時間」がそうした、小川のせせらぎや、船の帆が孕む風のようなものだとするなら、その流れの向きを知る方法はないのでしょうか。

この本は、「ビブリオマンシー」という占いのために作られた本です。
ビブリオマンシーは、「本をぱっとひらいて、そこにある文章を読む占い」です。古くから広く行われてきたようで、西欧の文学にもよく登場します。この占いにもっともよく用いられる本は「聖書」ですが、たとえば、ドストエフスキーの名作「悪霊」にはこんなくだりがあります。

「彼は机の上に載っていた分厚い本のページを反射的に繰ってみた（時たま彼はこんなふうに本で占いをすることがあった。当てずっぽうに本をあけてみて、右のページを上から三行読んでみるのである。）『すべてはこの最もよき世界の最もよきもののためなり（ヴォルテール、カンディード）』と出た。」

時間の流れの中で、ぱっと本を開いたとき、そこにある言葉。
この占いは、風見鶏や水に浮かべた花びらのような占いです。
心理学者・C.G. ユングの提唱した「シンクロニシティ」は、

人間にとって同じ方向を指し示す出来事が、因果関係なく全く偶然に、「同時に」起こる、という理論です。靴を放ったり、おみくじを引いたりする占いは、まさにこのシンクロニシティにもとづいたものと言えます。
シンクロニシティは科学的に証明されているわけではありませんが、人間は古くから、そうした現象が起こるということを、直観的に信じてきたのだろうと思います。

この「青い鳥の本」のメッセージは、普通の占いとはちがい、ハッキリした「イエス・ノー」が読み取れない場合もあります。そのかわり、「チャンス」や「宝物」、「スタート」など、文章の中にいろいろなキーワードがひそんでいます。読んでいて心に引っかかった言葉や表現から想像を膨らませ、目の前の状況に引きつけて読み解けば、貴方の「今」にふさわしいヒントがみつかるかもしれません。

勿論、占いに用いるのではなく、短い読み物として、一頁目から順に読んでいただくこともできます。
この本がもし、身近なところにいるのに気づかなかった幸運の青い鳥を発見する手掛かりとなったなら、私にとってこれ以上嬉しいことはありません。

石井ゆかり　「筋トレ」 http://st.sakura.ne.jp/~iyukari/

深い海の底に、ダイバーが潜っていくのは
そこに、古代の船と宝物が眠っているからです。
薄暗い水の中には、汚れ朽ちた木材や土塊や
錆びた鉄の塊しか見えないかもしれません。
でも、それらを引き上げて、汚れを落とし錆を磨けば
宝石と黄金が、きらきらと姿を現します。

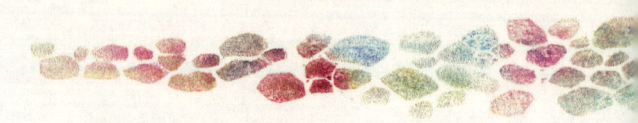

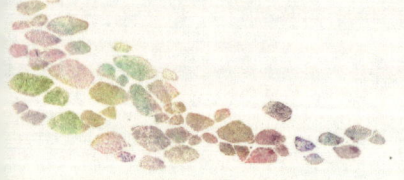

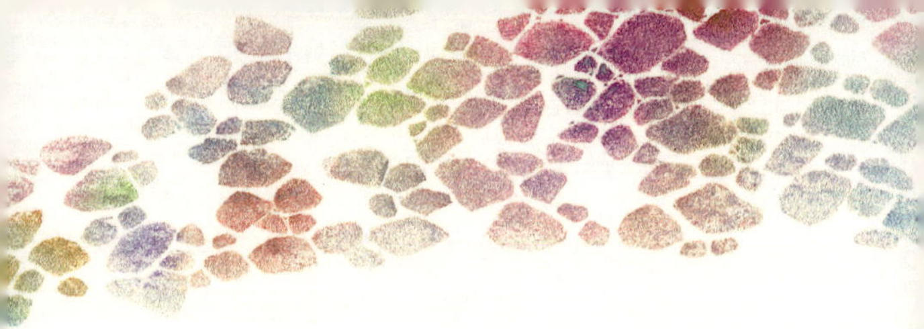

トンネルを掘るときは、

片方からではなく両側から掘り進みます。

掘り進むあいだは、とても孤独で

向こうから誰かが同じように

孤独なまま掘り進んでいるなんて、想像もつきません。

でも、ずっと掘っていけばいつか、

向こうから掘り進められているトンネルと繋がります。

トンネルの全てを

一人で掘り抜かなければならないと思っていたのに、

実は向こうからも掘り進められていた、なんて、

大きな驚きです。

でも、ときどき、物事はそんなふうに、

あるところまで行き着くと

突然「飛躍」することもあるのです。

「千里の道も一歩から」とはよく言われます。

最初の一歩のタイミングで、

目指す場所が千里先であるとは

気づいていない場合もあります。

千里も行くとはじめからわかっていたら、

その一歩は

怖くて踏み出せなかったのかもしれません。

長い道のりは、誰にとっても重圧です。
ですが、それはひょっとすると
「ゴールにだけ意味がある」と
考えてしまうからなのかもしれません。
たとえば、就職してその後長く勤めたいと願うときや
結婚してずっと長く添い遂げたいと考えるときは
道のりや物語の「長さ」は、
重荷には感じられないと思います。
むしろその「長さ」こそが、宝物であるはずです。

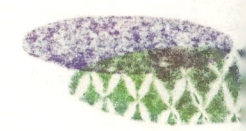

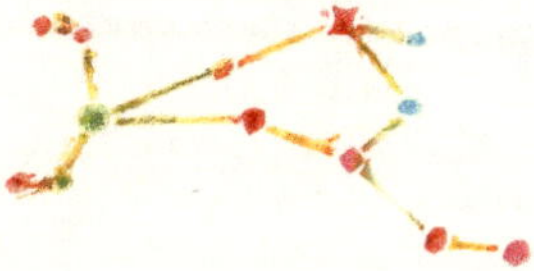

ほんとうに大切なものは、
一見、「そうは見えない」ということがあります。
最初の段階、ことが始まる前の段階では、
特にそうです。

「どうでもいいようなものなんだけど、なんか気になる」
というような引っかかりを感じたら、
その直観は、もしかすると、
正しいのかもしれません。

「自立する」ということは

本当のパートナーシップを作る力を得ることであり、

きちんと甘える力を得ることであり、

正面から人の力を借りられるということです。

これに気づかずに、

自立ではなく孤立を選んでいる人も、少なくありません。

また、自分と他者を機械的に分離することを

「潔い」と感じている人もいます。

この場合もまた、自分勝手な孤立に至りやすいようです。

「自立」は、他人の力を借りないということではなく

他人の力を借りて、借りた上で

それに報いようと努力することです。

簡単なことではありませんが、

これができる人はたいてい

「あの人はスゴイ人だ」と言われています。

どんなに布巾を固く絞っても、絞るという作業だけで
水分が乾いてしまうことはありません。
一度磁石に吸い付いてしまった砂鉄を
全て指で取り除くのは容易な作業ではありません。

人間の心もそんな状態になることがあります。
水や砂鉄のように取り去り難い思いがしみ込んで
とれなくなることがあります。

でも、そうした「へばりついた」ような状態というのは
単純に忌避すべきものなのでしょうか。
たぶん、そのことに徹底的に絡まりついた上でなければ
知りようもないことというのが、
あるのではないでしょうか。
どっぷりハマって、簡単にはずれなくて、
そういう体験があったからこそ見えてくる光、
というのが、あるはずです。

「力」には、押し切ったり乗り越えたりするような、
正面からの「力」もありますが
よくわからない方向から働いて
対象を根源的に変えてしまうような「力」もあります。
たとえば、どんなに強くこすっても消えなかった汚れが
レモン汁を使ったら驚くほど簡単に消えた！
というようなことがありますが、それに似ています。
「強くこする力」と、「レモン汁の力」は
まったくべつの仕組みを持った「力」です。

バラの苗やバラのつぼみも、バラです。

人は華やかに咲いたバラだけを「バラだ」と認識し、

それが花をつける前には、

そこに植物があるということにすら

気づかない場合もあります。

桜の木も、リンゴの木も、花や実をつけない限りは

誰も目をとめません。

でも、誰に知られなくとも

バラも桜もリンゴも、自分の花や実のために、

粛々と自らを育て上げることから手を抜きません。

山とか、海とか、空とか
そんな、限りなく大きなスケールを持ったものの
ど真ん中にいると
「明日どうなるだろう」とか
「うまくいくかなあ」とか
そんな小さな恐れに身をゆだねることが
ばかばかしくなったりします。

そんなふうに、
ちょっとだけ自分の心をつきはなしてみたとき、
ふとふりかえると、誰かのあたたかい眼差しを
見つけることがあるものです。

世界中の人々全員と話が合わないより
自分自身と話が合わないほうが不幸だ
と言った人がいます。
この意見に無条件に賛成できる人は、
勇気ある人だと思います。
仲間はずれになるぐらいなら
自分にウソをついたほうがマシだ
と思ってしまうケースのほうが、
多いのではないかと思います。

でも。
自分自身と話が合わない、ということはやはり、
恐ろしいことです。
自分の前から絶対にいなくならないのが自分で
自分と対立してでも和解しなければならない他者など
たぶん、いないのかもしれません。

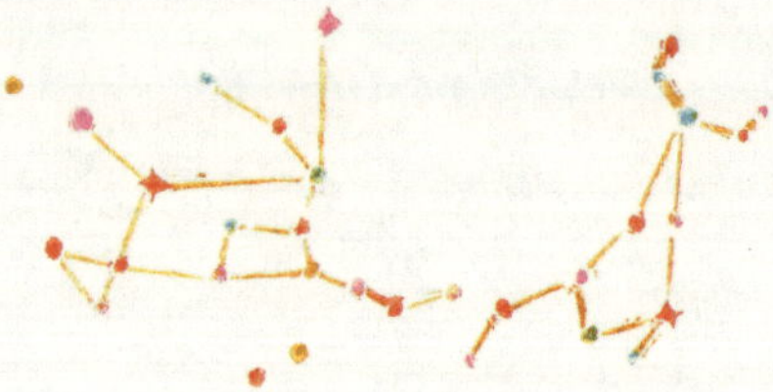

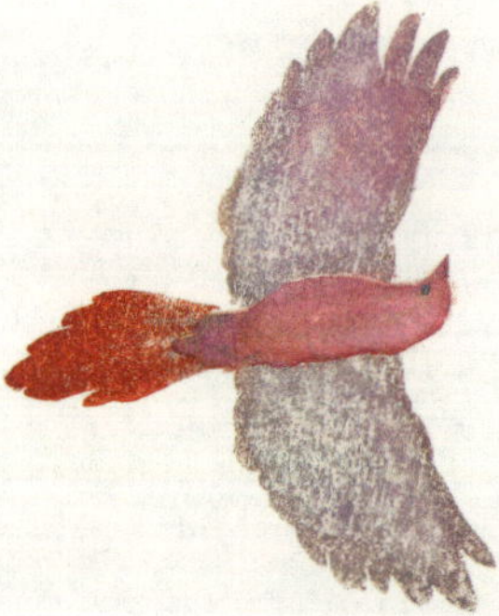

ある種のスポーツにおいて、優秀なプレイヤーは
「動体視力」という力が優れているそうです。
自分にパワーや技術があっても
相手やボールなどの動きを
「見て取る」ことができなければ
せっかく持っている力を、効果的に使えません。

がんばろう、うまくやろう、と考えているとき
人は、自分が何をするかばかり気にしてしまいます。
でもほんとうは、
周囲の状況や他者の動きを
「見る」「感じ取る」ことのほうが
ずっと大事だったりします。
「見て取る」「感じ取る」「観察する」ことは、
「自分の力を使う」ことと、
ほどきがたく結びついています。

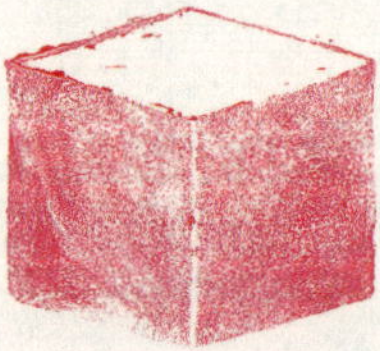

何か食べものを売ろうとするとき、

「作っている途中」のものには、全く値段がつきません。

握る途中のおにぎりは、

おにぎりとしての価値がつきません。

握りあげて海苔でくるみ、パッケージをして

値札を貼ったとたんそこで劇的に、

雷が落ちるように瞬間的に「商品価値」が生まれます。

このように、その「プロセス」では

なんの名前でも呼べなかったものが

ある段階を全うしたとたんに、

それまでとは全く違った

意味を持つことがあります。

一つ一つのプロセスは、初めの一歩も最後の一手も、

大して変わらぬ「前進」なのですが

それらがすべて満ちたとき突然、

そのものを取り巻く世界が変化したり

そのものが持つ威力が変わったりするのです。

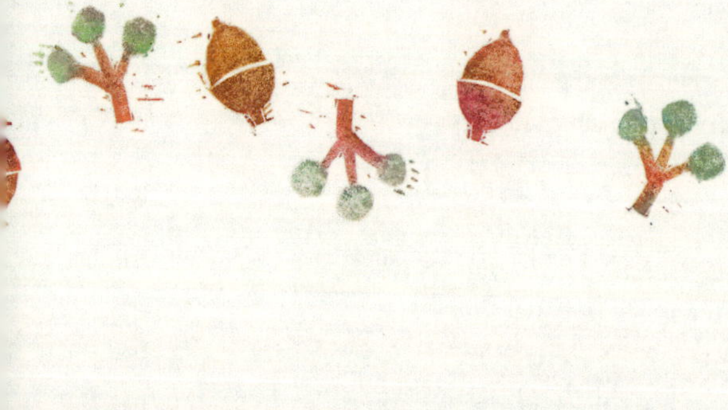

「成長」という言葉は
外に向かって大きくなっていく、
目に見える動きを意味することが多いようです。
でも、地面の中の根っこがどんどん伸びて
そこに、イモや球根のようなものが
ぐんぐん膨らむのも「成長」の一つです。

もしかすると、すくすく天に向かって伸びることよりも
地面の中で水や養分を吸い上げたり、
自分の身体を支えるために土や石を
しっかり抱きかかえたりすることのほうがよほど、
「成長」の持つ意味は大きく重いのかもしれません。
もし、植物と話すことができたら、
ひょっとすると、枝や葉っぱや花のことではなく
地面の下の苦労話ばかりしてくれるのかもしれません。

なぞなぞの答えは、
その答えがわからないうちは
正解が「世界のどこかにある」と感じられます。
でも、なぞなぞが解けたとき、
その答えは、外部と答え合わせをするまでもなく、
「それしかない！」と、わかるのです。
なぞなぞの答えがわかった瞬間、同時に
なぜ、そのなぞなぞが作られたか、までが
瞬時に、自分のものとなるからです。
だからこそ、なぞなぞを解いた人はたいてい
そのなぞなぞを、他の人にやってみたくなります。
なぞなぞを解く、ということは
チャレンジャーから出題者に
変身するということなのです。

人間は日々、様々な判断を行います。

その判断から、未来が生まれます。

しばしば、過去の選択を後悔する場合もありますが、

二者択一の「選ばなかったもう一方」について

そっちが正解だったのかどうかを確かめる方法は

いつも、絶対に、ありません。

選ばなかった選択肢は、生きられなかった選択肢です。

生きられなかった選択肢は、自分自身ではないのです。

このことに気づかず、過去に選ばなかった選択肢を

ずっと見つめ続ける人がいます。

それは、過去の一点に置き去りにされているのではなく、

世界のどこにも存在しない、

何の意味も持たない空想にすぎません。

それは、置き忘れられた本当の自分、ではないのです。

今ここにいる自分だけが、

最初から最後まで、自分自身です。

牛が輝く草原でゆっくり草を食んでいたり、

マラソンランナーが無心で走っていたり、

子供が夢中で虫を見ていたり。

存在が本来持っているものが

なんのためらいもなくあざやかに外にあらわれて

それが外の世界とぴたりと調和している、

そこに、うつくしさが生まれます。

自分以外のものになろうとしないときに生まれる、

誰も文句のつけられない、完全な美しさです。

自分が果たす役割と、
自分が世界から受け取れるもののボリュームは
見合っているときもあれば
見合わないように思えることもあります。
この2つは、直結しているのが普通のようで、
実はそうでもありません。
お賽銭と、それがもたらしてくれる「福」のように、
この2つはどこか遠くではリンクしているものの、
タイムラグがあったり、
すぐにそれらがつながっているとは
わからなかったりします。

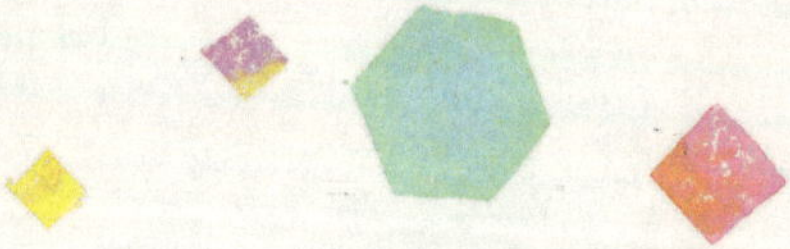

「うらやましい」と思えるのは、
実は、その萌芽が自分の中にもある
ということを意味しています。
うらやましい！
と思えた相手が持っている美質や価値が
自分の中にも、土の中の種のように、眠っている証です。
人は、自分と本質的に関係ないものに対しては、
反応しないのです。
何も思わずに、スルーできるのです。

誰かがうらやましく思えたり、
何かに腹が立ったりするなら
それは、貴方の可能性が鳴らしている鐘の音です。
時には怒りのようなパワーが、
卵の殻を内側から壊すこともあります。

盲点は、視線を動かすと盲点でなくなります。
一つの方向をじっと見つめるのをやめたとき、
何もないと思い込んでいた場所に
探していたものが見つかることも、あります。

全体が完成していなくても、

大きな館を建てるなら、一部は住み込み可能です。

バルセロナのサグラダ・ファミリアは、

1882年に着工した後、現在も建設中で、

完成は2256年頃と見込まれているそうです。

でも、今も日々、たくさんの人が訪れていて

ユネスコの世界遺産にも登録されています。

大きなものはそんなふうに、

完成前から使い始めることができます。

逆の言い方をすれば

住みながらでも更に拡張し、建設し続けられる、

ということです。

人生のいくつかの局面ではそんなふうに

つかいながらつくりつづける

つくりながらつかいつづける

ということもあるようです。

ミスが起こるのは、

何かを乗り越えようとしているからです。

いつも通りのことをいつも通りにやっているなら

ミスは起こりません。

自分の中にある何かを変化させようとしているからこそ

ミスが起こるのです。

それは、大切で、ほんとうは、とても立派なことです。

自分以外の人間が言っているからといって
それが「客観的」であるとは限りません。
自分の主観でない、というだけの意味で
それは客観かもしれませんが
ひるがえせば、相手の主観でしかないのです。

たとえ、相手側の主観が、
いくつか「一致・集合」していたとしても
こういうことは数の問題ではないはずです。

主観対主観の交流がまっすぐに実現するとき
真実がぽろりと生まれおちます。

仕事でも恋愛でも、
そこで行われていることはつまり「問題解決」です。
空腹という問題を解決するために飲食業があります。
病気という問題を解決するために
医療や看護という仕事があります。
自分をもっと大きくするにはどうしたらいいか、
という問題を無意識に解決しようとして、
人は、自分の内面と何らかのつながりを持つ誰かに
恋をするのです。

たまごの殻というのは

あれは、壊していくわけです。

たまごが孵るときもそうですし

たまごを食べるときもやっぱりそうですが

たまごの殻は、あれは、壊さなければなりません。

壊すのは、

ふっきるためでも、一からやり直すためでもなく、

単に、卵の中身を出すためにやるのです。

壊してみたら、「ナカミ」がちゃんと出てきます。

愛を必要としているのはたいてい

無力な状態の、弱い状態の存在です。

いとおしい、という気持ちも

相手の強さや偉大さを見たときではなく、

欠点や弱さ、意外な脆さなどを見たときにわき起こります。

フツウに考えれば

種まきがスタートで、収穫がゴールかもしれません。

でも、よく考えると

収穫しなければ種もとれないわけで

そこがスタート、とも言えます。

ですが、収穫するにはそもそも、

花が咲かなければならないのですから

スタートを生み出すためのスタート、という意味では

花が咲くことが大事なスタートライン、

と言えなくもありません。

何がスタートで、何がゴールか。

この定義を少しずらしてみるだけで、

勇気が湧いてきたり、

行動パターンが変化したりすることがあります。

進むか、止まるか、後退するか。
直線的に進む時間だけを意識すれば
そのことしか見えません。

ですが、物事の「流れ」とよばれるようなものは、
決して、直線的ではありません。
お芝居や音楽をイメージすれば、
そのことは一目瞭然です。
繰り返され、伏線が張られ、どんでん返しが起こります。
時には最初に戻り、少しだけ変化をつけた後、
びっくりするような展開が訪れることもあります。

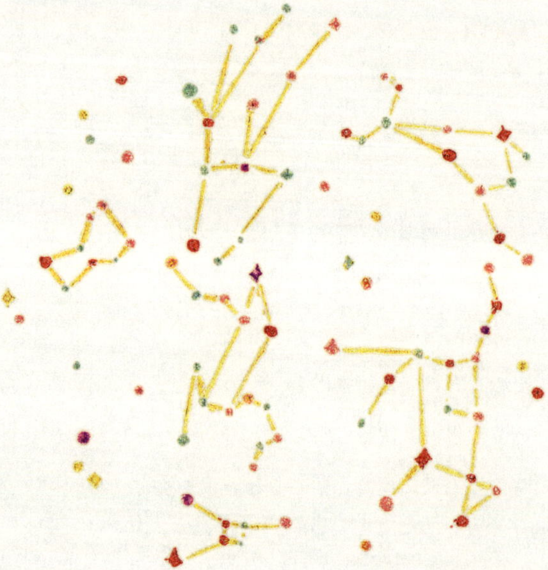

目を近づけすぎると、よく見えないのです。

なにかがうまくいかないとか
なにかがよく見えないとか思えるとき、
それは、「近づきすぎ」が原因かもしれません。
秒針のない時計を前にして、
一秒ごとに時間を気にしても
時計はいっこうに進まないように感じられます。

そういうときはゆっくり時間をかけて
時には数歩うしろに下がって
場合によっては、
対象から高く高く離れたヘリコプターの上から、
それを見つめ直してみると、
不安がきれいに払拭されるような光景が
見えてくるかもしれません。

宝探しは暗闇で、たった一人でやるのです。

本当の宝物を掘り起こすときはみんなそうします。

わいわいがやがや仲間同士とやる、

なんてことはありません。

洞窟の奥に一人か、

絶対に信頼できるもう一人くらいと忍び込みます。

他の誰にもその場所を知らせるわけにはいきません。

教科書には、理路整然たる説明があります。
でも、日常生活で「知りたいこと」は
そんなふうに整理されていることなんて、
ほとんどありません。
情報の断片を寄せ集めて、それをあれこれ考えまわして
自分が知りたいことの概要が、
やっとうっすら、見えてきます。

知りたいことだけを整然とまとめて
箇条書きで説明してもらえることはありえません。
一見関係ない話の端々から
自分の知りたいことのパズルピースを集めてきて
そこで、何かが完成したとき
相手のパズルの全体像も見えてくる。
そんな「コミュニケーション」が理想的なんだと思います。

前向きで、ポジティブで、楽天的で、
明るくて、開いている。
そういう人はキラキラと気持ちよく見えます。
でも誰もが「そうではない部分」を抱えています。
誰かの暗い部分に触れたり、
あるいは、気づきそうになってドキドキしたり。
そんなときにはちいさな怖れを感じます。

愛や優しさ、美しさや透明感など
「いい」とされるものはかならず
悲しみや苦しみ、
濁った色や闇などの存在を土台としています。
悲しんでいなければ、
誰かが優しくしてくれたことに、気づきません。
誰かの悲しみや弱さが見えたとき初めて、
自分のほんとうの優しさに、スイッチが入ります。

優しさを恥じたり愛を疑ったり強さをなじったり。

世の中には「いい」とされているものが
たくさんありますが
同時に、それらを素直に「いい」と受け止めないことも
多々、あります。
一生懸命さを笑ったり、誠実さをバカ呼ばわりしたり
善意を恥ずかしく思ったりすることがあります。

うつくしいものをうつくしいという、
愛する人に愛してると伝える、
そのことが何でこんなに難しい世の中なのか、
不思議です。
たぶん、「裸の王様」のお話のように、
そんなワナにはまらないで生きる方法も、あるはずです。

人間は「社会的動物」といわれます。
他者と関わるところで生きています。
「ウサギは寂しいと死んじゃうのよ！」
という有名なドラマの台詞がありますが、
人間のほうがよほど心配です。

「関係は、選べる」と思っている人もいますが
現実問題、選べない関係のほうが多いような気がします。
それでも、どう関わるか、どう接するかは、
自分で選べます。
関係は自分と自分以外の人のあいだに成り立ちますが
それゆえに「自分」の確固たる望みや意志がなければ
関係自体が命を失ってしまいます。

スタートは、マラソンのように

一発、一瞬の銃声で実現することもありますが

相撲の立ち合いのように

呼吸を合わせる中から自然に「花開く」ものもあります。

土俵に２人の力士が上がった瞬間から

呼吸があって「はっけよい、のこった」になる、

そのすべてが

「スタート」と呼べると思います。

たとえ誰かが決めたことであっても
一度それに関わってしまったら
自分が決めたことのように進めなければなりません。
仕事は特にそうですが
恋愛や学業でも同じことが言えます。

最初は違和感があっても
だんだん「自分」が拡張していきます。
「我が社」「我が校」などという言い方がありますが
外側だったものがいつのまにか
自分自身を構成するようになってきます。

「自分は関係ない」と思わずに
「それも自分だ」と思ってみることで、
こんがらがった状況が
スルスルとほどけることもあります。

そのときはそれしかできなかった
でもいまはそうじゃない
っていうことがあると思います。

もっとやっておけばよかった
とか
もっとできたはずなのに
とか
あとで後悔するわけですが
でもなんだかんだいっても結局
あのときはそれが精一杯だったのです。

でも今は、あのときとはちがっています。
今だからこそ進める道が、ちゃんとあります。

一見正しそうに見えることが、正しいとは限りません。
すぐれたマジシャンたちが教えてくれるのは
「これほど人は欺かれやすい生き物なのだ」
という事実です。

誰かをだまそうとするよりももっとたちが悪いのは
自分で自分をだまそうとすることです。
詐欺はしばしば、だまそうとする人間と
自分の心を自分でだます人間の
共同作業によって生まれます。

だます人が突いてくるのは
人の恐怖心、不安感、コンプレックス、劣等感などです。
これらを簡単に消そうと言ってくれる人に出会ったら、
警戒して下さい。
逆に、これらを尊重し、さらに、
ともに見つめてくれる人に出会ったらその人は、
貴方が心から信頼し、愛する価値のある人だと思います。

どんなに近しい間柄でもどんなに信頼している相手でも
心のどこかには「入っていけない場所」があります。
プライベートな時間、自分だけの思い。
そういう、その人の中の大切な部分には
敬意を表してそっと距離を置かねばなりません。

尊重とか、尊敬とかには
厳かに眺めて軽々に侵さないという距離感が含まれます。
一歩下がって師の影を踏まずという言葉もありますが
踏み込まない一線を構えることで逆に
その人への深い思いを表すことができたりするのです。

すらりと抜き放たれた日本刀がきらりと光るとき
人は息をのみます。
恐れを感じながら、その美しさに引き込まれます。
あるいは、揺るがぬ意志や決意のようなものを
そのすがたから感じ取ったりします。

「命じる」
という言葉に、
「いのち」という文字が使われるのは
不思議なことです。
他人に命令したり、自分に命令したりすることは
文字通り「命がけ」のことなのかもしれません。

占いで「この人はこういう性格です」などと出ても
実際その人を目の前にしたときにわかることは
占いで書かれていた言葉なんか役に立たないほど
ボリュームが大きくて立体的です。

人は、「判断できない」状態でいるのが不安なので
すぐに「この人はこういう人だな」と、
決めてしまいたがります。

でもほんとうは、
自分の目と耳と鼻と口と手で、頭脳で、心で、
その人をもっとよく、ゆたかに、
理解していくことができるはずです。
そして、それは自分に対しても
できることであるはずです。

花咲じいさんや、池に落とした斧のお話など
「よくばり」をいましめるおとぎ話は、たくさんあります。
でも、よくばりを戒めているお話のはずなのに
欲張りでなかった主人公がしばしば
大金や宝物を手に入れているのは
どういうわけなのでしょうか。

何かを手放したりあきらめたりする力は
人生を小さくまとめるためのものではなく
もしかしたら、とても大きな財産を扱うのに、
必要な力なのかもしれません。
何かを失うことを極端に恐れたり
慣れ親しんだ、自分が価値あると
認めてきたものにしがみつくとき
人は、大きな宝物や幸せを受け取れる状態には
なっていないのかもしれません。

恋愛で行き詰まるとつい、
「別れるべきかどうか」
なんて極端なことばかり考えてしまいますが
本当に考えなければならないのは
そんなことではないのかもしれません。

「本当に考えなければならないこと」から逃げるために
人は、考えても仕方がないことを
考え続けてしまうことがあります。
外側の条件で自分を縛って、
安心しようとしてしまうことがあります。
問題の中心を見つめることは、時に、
膨大な勇気を必要とします。

暑苦しくなんか、ありません。

カッコワルイほどマジメな方が

かえって、かっこいいのです。

カッコワルイほどマジメになれるなんて

ずいぶん強いことです。

強い心や勇気がないからこそ、人はわらってごまかして

「重いよ」とか「うざいよ」とか言うのです。

そうやってクールぶっている人は

実は、相手を自分のレベルまで引きずりおろして

安心したいだけなのです。

遠くに飛び立ってしまったもの

遙か過去に過ぎ去ったもの。

たいせつなものなら、それがなんであろうと

どこにあろうと、いつのできごとだろうと

消え去ったり無くなったり、しません。

人間関係を「切る」とか

自分の存在を「消す」とか

そんなことが「できる」と考えている人がありますが

「縁」って、そんな甘いモノではありません。

目の前にいる人なのに

全く関わりがもてないときもあるように

どんなに遠ざかっても

自分の中から消せない存在というのが、

誰の住む世界にも、あるのだと思います。

冒険するときは、
いつも耳を澄ませていなくてはなりません。
風の音も、海の音も、
冒険者にとっては、最高の情報であり、
神様の贈り物です。

まっすぐではない道も
「どこにも向かっていない」
わけではありません。
むしろ、入り組んだ道には
それなりの理由があるのだろうと思います。
城下町の道がゴチャゴチャしているのは
お城が大切だからです。
守る価値がある、大切な場所に向かう道は
こんがらがっていることもあります。

たとえば、外国から来た人に
「貴方の住む街を、案内してくれませんか」
と頼まれて、そのコースを考えるとき、
慣れているはずの場所が
とても新鮮なものに感じられます。

たとえばもし、自分が記憶喪失になって
この家に連れて来られたとしたらどうだろう！
と想像すると
周囲のものがいきなり、たくさんの物語を語りはじめます。

いつも見ている景色は、
ほとんど見えていない景色、とも言えます。
人は、何かに慣れると、
それを注意して見ることをやめてしまいます。
でも、少しだけ意識を傾けると
ふだんは姿を消していたものたちが、
不意に、浮かび上がって見えてきます。

可能性は空の彼方ではなく
掌の中、今まで歩いてきた道の中に
ぎゅっと凝縮されて、詰まっています。

それをどんどんほぐして、
具体的な作業に変換していけます。
「to-do（しなければならないこと）」が
増えれば増えるほど
弱みや不安が消えていきます。

サウナに入っているときは熱くてつらいのですが
だれも「扉を開けてイイ風を入れてほしい」
とは思いません。
扉はぴったりと閉めて、
どんどん汗が流れる熱さを保ちたいと
部屋の中にいる全員が感じています。

やがて「限界」がやってきて
自分からサウナの外に出て行くことになります。
外に出ると、空気はとても冷たく感じられますし
汗を流すと、いかにもさっぱりした気分になります。
これは、そこまで熱さに耐えたおかげで、
そうなっているのです。

夜行性の動物や、夜咲く花にとって
闇夜はめでたい時間です。
人間にとっては得体の知れない妖しい暗さも、
闇の生き物たちにとっては生き生きした活動時間であり、
やさしいひんやりした守り神です。

「心の闇」などという言い方がありますが
それは日の光を好む人々が
「闇」に押し込めて見えないようにしているだけで
ほんとうは、その腕の中に
とても大切なものが抱かれているのです。
「闇」を単なる「見えない、悪いもの」としてしまうのは
光だけを好んで眠りを忘れ、
自ら炎の中にとびこんで命を落とす
羽虫のような愚かさなのかもしれません。

春の終わりから夏にかけて、

雨が上がったあとの土の道は

日の光を集めて熱気を帯び、

靄が立つほどにぎゅっと湿っています。

押さえ込んできた思い、支えきれなくなった重み。

自分で自分を縛るように、

どうしても手放せずにぐっと押さえ込んで

圧縮しつづけてきた怒りや、傷の痛み。

そんなものが出口を見つけて静かに動き出すとき、

おおらかな大地の香りを含んだ、熱い湯気を立てます。

大きな変化なら、誰でもすぐに気がつきます。

でも、小さな変化には、気づかないことがあります。

そんな小さな変化が、

時に、とても大きな力を発揮します。

ちょっと前髪を切っただけで気分が変わったり

新しい消しゴムを買っただけで

やる気が出ることもあります。

今まで固く閉じていた蕾が花びらを一枚だけ、

ちいさくほどいてくれるような変化。

巨木の桜も、最初は小さな一輪の

ささやかなほころびからすべてを始めるのです。

昔の人は「なんでも薬になる」と言いました。

「世に悪書なし」という言葉もあります。

その人の状態によって、何が薬になるかは、様々です。

落語に、

「奉公に出した息子からの手紙を読んだら、

悪性の肺炎が治った」

という話がでてきますが

このようなできごとが、人生ではけっこう、起こります。

だれでも、どんなに元気なときでも

心の片隅には、小さな疲労や古い傷を抱えています。

自分では気づかなくても、無意識にその傷をかばって

窮屈な思いをしていることもあります。

意識はしていなくとも、そうした痛みを抱えながら

不意に、自分だけにぴったりくる

「妙薬」に出会えることもあるのです。

長編小説を読み始めたり
長旅に出発したり
セーターを編み始めたり
漬け物をつけたり。
長い時間をかけてやることを「スタートする」のは、
けっこう勇気が要ります。
始めたけれどもやり遂げられなかったとき、
やり遂げられなかった自分に
ちょっとガッカリさせられるからです。

それでも、
その道を歩き始めなければ、どこにもたどり着かない、
ということを、みんな、よく知っています。
だからこそ、一か八か、
三日坊主になって傷つくリスクを負って
何度も、最初の一歩を踏み出していきます。

愛情、と言ったとき
人はあたたかな赤やピンク、
オレンジ色などをイメージします。
ですが、世にある愛情には
銀色を帯びた青とか、深い紺色とか
黒みがかった紫色をしているものもあります。

薔薇の花束によって表現される愛情は華やかですが、
同時に、どこか儚くもあります。
一方、桔梗や勿忘草、
ミヤコワスレのような色をした花は何故か
「ずっと長い時間、変わらずに続く思い」
を、表しているように見えます。

ほんとうに強いものは、静かです。
時間に耐えるものは、清澄な色をしています。

たとえば
お守りにしているブレスレットを忘れて
ものすごく不安になってしまうことがあります。

でもなぜ「ブレスレットが自分を守ってくれる」と
そんなに不安になるまで、信じてしまったのでしょうか。
強い恐れや不安、自信のなさ、
何かに頼りたい気持ちなど、
もっと心の奥のほうに、その動機や原因があります。

過去に、あんなにも信じて頼っていたお守りが
いつかふと、要らなくなることがあります。
その存在が、心からすっと、
かき消えてしまうことがあります。
ジンクスを信じてしまう不安感や恐怖心は、
いつのまにかそんなふうに
「卒業」できます。

人生ではときどき、
優しくてかわいい「あまのじゃく」が現れます。
あまのじゃくは、へんなことばっかりします。

追いかけるほど逃げていきますが
放っておくと泣きついてきます。
褒めるとすねるのに、叱ると甘えてきます。
あまのじゃくを思い通りに動かそうと思っても、
絶対にムリです。

こういうときにとれる最善の方針は
「いやなことからやる」です。
嫌だなと思って避けたいことをするとき、
あまのじゃくは貴方にとって
最高のレスポンスを返してくれます。
好きだなと思うことを後回しにすると
あまのじゃくは必死になって、
花束を持って追いかけてくるのです。

「孤独」は、人の外側ではなく、内側にあります。
人混みの中にいるときほど、
強くそう感じることがあるように、
「孤独」は、環境を意味するものではなく、
あくまで、人の心境を意味する言葉です。

だれでも、孤独を体験します。
そういうとき、
自分が自分で立っているという実感を得ます。
孤独を経験したことがない人は
深い愛情もまた、実感することができません。
さらには、自分の考えに責任を持つこともできません。
常に誰かとつながっている状態でいる人は
その思考や価値観を、
自立させることができないからです。

かけがえがないって、どういうことでしょうか。
取り替えが効かない、交換できない、
それを失ったらもうそれと同じものは手に入らない。
そういうもののことを「かけがえがない」と言います。

「かけがえがない」状態は、人の心の中に生まれます。
ですからもし、万が一、それが失われたとしても
「かけがえがない」状態は、変化しません。
初恋の人と初めてキスした瞬間が、
時間の流れの中に一瞬で消え去っても一生、
心からは消えないように
かけがえがないものはかけがえがないまま
心の中で、ずっと同じに生かしておくことができます。

どんなにたくさんの宝物を持っていても
それを「持っている」だけでは意味がありません。
死ぬまでタンスにたくさんのお金を貯め込んでいても
それは、その人の役に立ったことにはなりません。

どこかで使ったり渡したり出したり、
そんなふうに「他人との関係」にさらさなければ
宝物は、命を失った亡骸も同然です。
才能も、愛も、美しさも
それが他者との関わりの中に動かされたときだけ、
意味や価値を帯びます。
そのとき、宝物は初めて、命を得て輝くのです。

新しい服を買わなければ！

と思い込んでいたけれど

ためしに手持ちのものを組み合わせてみたら、

素敵に新しいスタイルができあがった！

という経験があるでしょうか。

「デザイン」は素材から素材以上の何かを生み出します。

慣れてありふれて古びたものでも、

それらを互いに組み合わせたり、

かけあわせたり、混ぜたりするところから

思いがけない輝きが生まれることがあるものです。

ほんとうに自信が持てることや誇れることというのは、
自分ではごく当たり前だと思っていること、
なのかもしれません。
一番調子の悪いときにもできる
「いつものこと」の中にこそ
揺るがぬ実力や才能が、輝いています。

放っておけばいつか解決するだろう
と思えることがあるでしょうか。
たしかに、誰か他人の気持ちや愛憎など、
あるいは、ケガや病気などの中には
時間が経てば解決するものもあります。
でもそれは、謝ったり、傷を縫ったりするような、
「最善を尽くした」後に来る段階です。
最初からうやむやにほったらかしておいて
なんとかなる、ということは、ほとんどありません。
不安や後ろめたさの詰まった、
敵のような時間が流れ続けます。

やるべきことをきちんとやる。
それだけのことが、おっくうだったり面倒だったりで、
なかなかできません。
でも、それをやってしまえば、時間は、
うっとうしい敵から、力強い味方に変わります。

格好が悪かろうが、恥ずかしかろうが、
ほんとうは、どうでもいいのです。
パッケージだけキレイでナカミが空っぽの贈り物など
誰ももらいたくありません。

見栄からくるプライドや、変化を恐れる心は、
しばしば、形だけでナカミのないものを量産します。

目の前に在る問題を一度、
パッケージにあたる部分と、ナカミにあたる部分に
切り分けてみるとわかりやすいのです。
前者に拘りすぎて後者がお留守になっているなら
優先順位をとりかえるべきなのです。

物事は、大きな部分こそが肝心で、
細部は後回しや人任せでよいと思ってしまいがちです。
「理解できていればケアレスミスは気にしない」
という人も大勢います。
ですが、ほんとうにそうでしょうか。

細かいところをぴったり合わせていったとき、
そこに初めて浮かび上がってくる本質があります。
日本の文化には、
どうもそういうところがある気がします。
幹があって枝葉があるのではなく、
全ての細かい要素が寄り集まって
精密かつ、柔らかに全体を形作ります。
ヒーローが一人いればいいのではなく
弱い、無力なひとりひとりが結ばれあったとき、
大きな力が生まれます。

感情は、消し去ることはできません。
無視することはできますが
無視された感情は人間同様、
傷つき、悲しみ、復讐をたくらみます。

感情は私たちを振り回す、
やっかいなモンスターのようです。
でも、それらを鎖や檻で閉じ込めても
モンスターは「いなくならない」のです。
逆に、モンスターの話を自分でよくよく聴いてあげれば
モンスターは、善いドラゴンに変わることもあります。
どこでも好きな場所に連れて行ってくれる、
真っ白な竜に変わることがあるのです。

ぜんぜん変わらない！

何度やっても同じ！

何のためにやってるのか解らない！

という思いで続けていることはあるでしょうか。

そういうことが生み出す変化はいつも

「いつのまにか」

起こります。

ずっと続けていたら不意に。

同じだと思っていたら突然。

そういう変化を目にすると、人ははっとします。

沸点のような、衝撃的な瞬間は

続けていた人だけに訪れる、奇跡のような時間です。

片づけている最中

は

まるで散らかしているみたいです。

大掃除をしているそのとき

家の中は最高に「片づかない状態」になっています。

掃除は、まず盛大に散らかして、

そのあと少しずつ片づいていくというプロセスです。

こういうことは、人生の色々な局面で起こります。

一見行き詰まっているようで実は大詰めを迎えていたり、

もうダメになると思えたことが、

土壇場で大逆転できたり。

物事の「見た目」と「ほんとうの意味」は、

必ずしも一致していません。

「見た目」に騙されずに先に進めたときこそ、

そのことのほんとうの意味がわかる場合があるのです。

おとぎ話は、だいたい

お姫様と王子様が結婚したところで終わります。

「そして、みんな末永く幸せに暮らしました」

というのが結びの言葉です。

でも。

現実の世界ではそれこそが

スタートライン、です。

恋はいつか終わるものですが、愛は終わりません。

愛を歩いていって、行き止まりまで来ると

また新しい扉がそこにあって

「スタート」がやってきます。

同じ相手と長い長い時間を過ごしている人もやっぱり

何度も「行き着く先」の壁までたどりつき

そこにまた、新しい扉を発見します。

人は自分の道を歩きます。
その道と道とがしばしば、
交差したり合流したりします。
そこで、何かが起こります。

何かいいことが起こらないかな、と期待するとき、
自分もその合流地点に向かって歩いているのだ、
ということを忘れてしまいがちです。
自分は止まっていて、
何かがむこうからやってくるのだ、と
思ってしまいそうになります。
でもほんとうは、自分もちゃんと歩いているからこそ、
その場所でふと、出会えるのです。

何かが追いかけてきて、必死に逃げている
という夢を見たことがあるでしょうか。
逃げているとき、「何が追いかけてきているのか」は、
よく見えません。
そちらに背を向けて走っているからです。

目がさめたあとで、
「もし、逃げずにつかまっていたらどうなっただろう？」
と考えると
もう一度同じ夢を見て、試してみたくなります。

振り向いて
その化け物のようなものを見据えたとき
そこにいるのは、意外なものかもしれません。
オバケのように思っていたのが、
実は全然オバケではなく
貴方に助けを求めているちいさな子ども
だったりするのかもしれません。

探偵は「手掛かり」を追いかけます。

小さなドアの傷や落ちているピンなど、

かすかな兆しを見逃さず

ひとつひとつ、持ち主や理由を探っていくうち

「道筋」が見えてきて、やがて、結論にたどり着きます。

そんなふうに、生活の中にも

何かをたぐり寄せるようなできごとが起こります。

ちょっと気になった紐をひっぱったら

それにつながった様々なものが次々に手に触れ、

それをひとつひとつ、たぐりよせているうちに

いつか、大きなものが手に入ることがあります。

手に触れたものが期待通りのものでなくとも

そんなふうに、願いに結びつく

「手掛かり」となることもあるのです。

ぬか床をかき回したり、

芝に空気を入れたり、

金魚鉢の水を換えたり。

そんなふうに、

定期的にかき回さなければならないもの

というのは、たくさんあります。

人の心や、誰かとの関係においても

定期的に「かき回す」ことが

必要な場合があるのかもしれません。

それによって新しい空気が入り込み、

呼吸が楽にできるようになります。

人を取り巻く環境は

その人の心の風景をそのまま映している、

と言われます。

自分の心を、ぱかっと開いて見ることはできなくとも、

部屋の中や机の上を眺めることで象徴的に、

自分の内面を推理することができるそうです。

「出会い」とはどの瞬間を意味するのか

よく考えると、わからなくなってきます。

相手の意外な部分にはっとさせられて、

恋に落ちることがあります。

面接を何度か重ねて、

はじめてその人の長所に気づかされることがあります。

「出会い」という言葉の持つインパクトは、

ほんとうに初めて出会ったときの、

まだ相手を知らない無色の風景よりも

「この人はほんとは、こういう人なんだ！」という

感電するような瞬間に似合っている気がします。

疑問は、とても大切です。

これはどうなってるんだろう？とか

何が原因でこうなるのかな？とか

なんで痛いんだろう？とか

どれがおいしいんだろう？とか

たくさんの疑問を解決することが

人間の文明の発達そのもの、と言えるかもしれません。

個人の人生でも、それが当てはまると思うのです。

「あれ？」「なんで？」「どうして？」「どうすれば？」

という疑問が心に発生すると、

人はなんとなく落ち着かなくなり、

その疑問を解決するために、行動を始めるのです。

「君がしてくれたことは絶対忘れない」

という意味の歌詞が

たくさんのラブソングにうたわれています。

でも、この「君がしてくれたこと」って

どんなことなのでしょうか。

それはたぶん

他人に説明してもわかってもらえないことが

ほとんどだろうと思います。

行動や出来事を説明することはできても

肝心の

「そのことが一体どんなふうに自分に作用したのか」

については、

言葉になんかできないんだろうと思うのです。

「明日世界が終わるとしたら何をする？」

という質問があります。

これは、おそらく、

「自覚していないけれど、

実は自分の中でもっとも優先順位の高いこと」

を洗い出すための仕掛けなのだろうと思います。

明日世界が終わるとしたら、今何をするか。

そんな究極の状態を想定したときに初めて見える

「本音」というのが

心のどこかに、潜んでいるのかもしれません。

「たたき台」という言葉があります。
漠然と「こんな感じのことがやりたいなあ」
という思いを、
とりあえずむりやりに絵や模型、計画書などに
してしまうのです。
そうするとこれをみんなで「たたく」ことができます。
実際に目の前にあるものに、
ツッコミを入れたりダメ出ししたりして、
より具体的でレベルの高いものに変えていくわけです。
不完全でもいいからとにかくみんなに見える形にして、
それを改善することで、
最終的な創造物を生み出すのです。
「たたき台」は、
欠点と問題点だらけの悪者のように叩かれますが
最終的にできあがる美しい成果は、
この「たたき台」という母親から生まれてくるのです。

犬にこわごわ触ると、

犬もおびえて攻撃的になるそうです。

人間同士でもそういうことがあるような気がします。

自分に対してビクビクしている人がいたら、

不快に感じたり、敬遠したくなったりします。

チャンスもまた、そんなところがあるかもしれません。

チャンスの前でビクビクしてしまうと

チャンスのほうでもなんとなく

とっつきが悪くなってしまうんじゃないか

という気がするのです。

幸運ってどんなものでしょうか。
だれもその姿形を見たことはありませんが
幸運はなんとなく、
ピンク色で、つやつやぴかぴかしていたり
ふんわりぽわぽわしていたりする感じです。

でも、そんなイメージとは少し違う「幸運」もあります。
たとえば、行き止まりまで全力疾走して
体当たりで壁を突き破って向こう側に転がり出たら
そこになぜか白い馬が待っていて
それに乗ったら空に飛んでいった！というような、
ファンタジー小説のクライマックスみたいな
「幸運」もあります。
激しく口論をしていたら、不意に、
相手が自分に好意を持っていたことが発覚した！
なんていうのも、ある種の「幸運」です。

幸運にはそんなふうに、
ちょっとワイルドなものもあります。

人はしばしば

自分が悩んでいたり、悲しんでいたりするのに、

それに気づかないことがあります。

激しい悲しみを心の奥に閉じ込めたまま、

「ちっとも悲しくない」と感じていたりします。

だれでもそういう部分が多かれ少なかれ、

あるのだろうと思います。

あるときはっとそれに気づいて、

びっくりさせられたりします。

氷は、とても冷たくて
ずっと触っていると指が痛くなり、
さらに、感覚がなくなります。
全身を氷にくっつけておいたら、凍死してしまいます。
ですが、この氷を砕いて、グラスに入れると
素晴らしい役割を果たしてくれます。

いつもは扱いの難しいもの、やっかいなものが
なにかふさわしい相手を見つけたとたんに
すてきに価値を持ったり、
効力を発揮したりするようになります。
普段「やっかいだなあ、捨てちゃおうかな」
と思っているようなものが突然、
宝の山に変わることがあります。

もしかしたら、不安感や恐怖心にさえそんなふうに、
思いがけない使い道があるのかもしれません。

塩は塩だけなめれば、塩辛すぎます。

砂糖だけをスプーンに山盛り、口に入れても

幸福感は得られないだろうと思います。

辛子や山葵「だけ」を食べても、

おいしいとは思えません。

調味料のひとつひとつ、スパイスのひとつひとつは

それだけではどこか行きすぎていて、

苦痛で、辛いのです。

生活をいろどるものたちにも、

そんな部分があるのかもしれません。

ひとつひとつを取り出して議論すると、いちいち、

辛すぎたり、甘すぎたり、苦すぎたりしますが

それらを生活の中に溶かし込んで全体を味わえば

とてもゆたかな、広がりのある滋味となります。

世の中には、

取っ手のついていない入り口というのがあります。

ベニヤ板とか、襖とか、障子紙とか、

そんなもろいものでできています。

一見、とおせんぼしているように見えて、

ちょっとつつけばバリバリと破れて向こう側に行けます。

慣れたことだけやっていても
自分の変化はわかりませんが
慣れないことや少し高度なことに手を伸ばすと
過去の自分と今の自分の差がわかります。

「これまで」と「これから」は「今」で繋がっています。
「今」少し背伸びをしてみると
「これから」を少し変えることができます。
ちょっと無理してやること、
失敗するかもしれないけれど
トライしてみようと思うこと。
それらが、未来をちょっとずつ変えていきます。

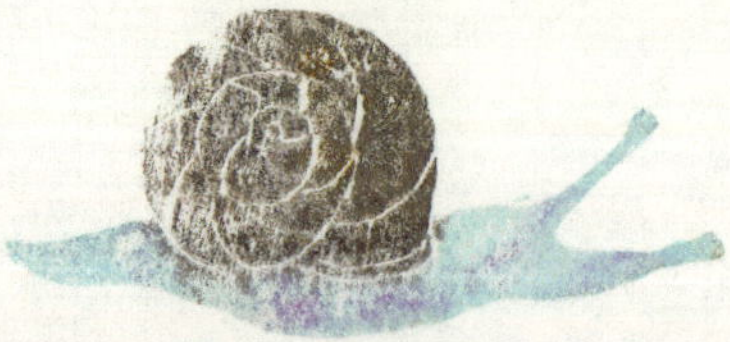

ギリシャ神話に、
ピュグマリオンという王様のお話があります。
彼は、自ら彫り上げた美しい彫像に恋をしてしまいます。
その恋情のはげしさ、せつなさをあわれんだ
愛の女神・アフロディテは
彫像に命を吹き込み、人間に変えてやりました。

心理学には、この物語に由来する
「ピグマリオン効果」という理論があります。
教師が生徒に期待しているとき、
期待しなかった場合よりも
成長の度合いが大きくなる、のだそうです。

トリックスター、という言葉をご存じでしょうか。
善にも悪にも分類しがたい、
その世界の秩序を乱して世界を新しくするような、
エネルギーに満ちた存在です。

正しい力だけが
運命や世界を動かしていくわけではありません。
孫悟空やティンカー・ベルなど、
秩序を乱し、混乱や困惑をもたらす存在こそが
最終的には物語を大団円に導く役割を果たします。

自分のなかにある、一見、やっかいで混乱した部分も
一つの状態から新しい状態へと飛躍するための
たいせつなきっかけとなることがあるのです。

みずみずしいレタスの葉っぱは、
とても美しいものです。
透明感あふれる黄緑色が、きらきらしています。
トマトを切れば真っ赤に輝きますし、
大根を割ると雪のように白いのです。
ですがそれらは
何色とも評しがたいような土と、
何とも言えない匂いのする堆肥の中から生まれます。

愛を外側から見ると
それは至って美しく、甘く、すばらしいのです。
でも愛を内側から見ると
そこには、大地の力のような、言うに言われない、
濃くて深いものがぎゅっと詰まっています。
それは「いいもの」とも「わるいもの」とも
呼べないような力です。

「個性」とは、

人と違っているところ、です。

「弱み」も「強み」も、元を正せば、

他の人との差であり「個性」です。

であるならば、もしかしたら「弱み」も、

「強み」として利用できるのではないでしょうか。

非常に臆病な心の持ち主であるがゆえに

最強の作戦を立てることができる将軍がいます。

自ら誰かを傷つけてしまった体験をもとに

傷ついた人を救う力を得る人がいます。

心にぽっかりあいた穴が、

誰かの居場所に変わることもあります。

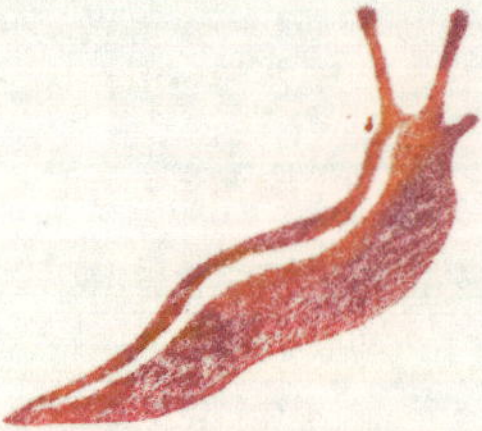

用事がないから連絡しない

というのは、一見正しそうな判断です。

でも、

「用事がなければ連絡しないような仲なのか？」

と考えてみると

用事がないときに連絡するのでなければ伝えられないこと

というのもあるのがわかります。

恋人とケンカするとすぐに
「じゃあ別れよう」と口にしてしまう人がいますが
それは強そうでいて、実に弱く幼い発想です。

切り捨てるのはいつでもできますし、簡単なことです。
そのことについて悩まずに済みます。
「切り捨てる」対象はたくさんあります。
たとえば、離婚話の中で
「結婚したんだから誰がなんと言おうと絶対別れない」
と粘るのも、ある種の「切り捨て」です。
つまり、相手との関係を育むことを切り捨てて、
結婚というカタチを守る態度だからです。

一見「潔い」人よりも、踏み止まって悩む人のほうが、
ずっと、誠実で、深さがあって、複雑で、強いのです。

起きているときも夢は見ているのだ
という説があります。
眠ったとき、夢を見るのは
五感や意識が閉じたとき、
それまで夢をかき消していたノイズが消えるから、
なんだそうです。
昼間も星々は空に光っていますが、
太陽が輝いているとき、星の光を見ることはできません。
太陽が沈むと、夜空に、見えなかった光が現れます。

見えないからといって、星が消えたわけではないように
意識にのぼらないからといって消えたわけではないもの、
というものもあります。
遠くにいる友達も、懐かしい思い出も、
いつも目の前にあるわけでなくとも、
消えてしまったわけではないのです。

手術は、一見、怪我を負わせるのと同じ状況です。
血が流れ、当人は気を失っています。
でもそれが終わると、多くの場合、
問題の核が取り去られます。

人生の中でもしばしば、何か事件が起こって、
自分の欠点がむきだしになって、
状況がどんどん悪化したように思えることがあります。

今、貴方の目に、
自分の最も大きな欠点がありありとあらわれていて
絶望的にそれから解放されないように思えるなら
これは、メスで開腹されて、
患部があらわになっただけです。
そこにある「できもの」を、
とうとう直接、取り去るチャンスが来たのです。

貯金箱にずっとコインをため込んできたら
いつかは、それを割らなければなりません。
静かに蓄積してきたのは、
いつか、動かすためだったはずです。

持っているいくつかの貯金箱のうちのひとつを
割るタイミングは
いつのまにか、やってきます。
「機が熟す」という言葉のとおりです。

誰かを前にして熱く語った後
家にひとりで帰るとき、思いつくことがあります。
話し足りなかったこと、その場で理解できなかった言葉、
誤解されたかもしれない表現、等々。
目の前に相手がいないことで、
かえって、ほんとに言いたいことが
わかってくることがあります。

この「理解」は、2つの条件からうまれます。
ひとつは、誤解を恐れずに熱く語る、ということです。
もうひとつは、ひとりになったときに
自分が語ったことや相手の反応を、反芻してみる、
ということです。
これは時に、辛い作業ですが
その辛さこそが、人を成長させる起爆剤となります。

遊びと仕事の違いって、なんでしょう。

遊びは、ままごととかおにごっことか、

「ごっこ」「うそっこ」だと解ってやっています。

オニに捕まっても死にませんし、

ままごとで料理を焦がしたりすることはありません。

うそっこは、失敗がないのです。

だから楽しいとも言えますし

だからタイクツ、と、言えないこともありません。

庭には

たくさんの宝物が埋まっています。

ただ、それを掘り起こすのが大変です。

まずは在処が解りませんし

掘り起こしても泥だらけで

果たしてそれがイイモノなのかどうか、

見当がつきません。

探し当てて、

掘り出して、

きれいに洗って、

ぴかぴかに磨いてそれを太陽の光に当てたとき初めて

それを誰かにあげたい、

あげたらきっとよろこんでくれるだろう！

と

思えるようになります。

願いは、

それを願うべき人の心に自然に生まれてきます。

自分の心に願いや愛が生まれてしまったら

そちらに向かって歩いていくしかありません。

願いをコントロールすることは

できるようでいて、できないものです。

願いと対話をし、願いをだまそうとしないとき

願いは、それが叶うときも、叶わないときも、

次の新しい扉を開いてくれることになるのだろう

と思います。

地球には重力がある。

人間には翼がない。

だから、人が飛行機を作って飛ぶのは

「不自然な、人工的なことだ」

と考える人もいます。

でも、そもそもなぜ人の心には

「飛びたい」

という思いがわきあがるのでしょうか。

この「飛びたい」という思いも

「自然」の一部とは、言えないでしょうか。

飛行機に乗って、離陸してからしばらくは
シートベルトは「着用」のままです。
高度が勢いよく変化し、ぐらぐらゆれて、
耳の中がおかしくなります。
そして、一定の高度に到達すると
さっきまでのぐらぐらが嘘のように止み、
地面を走っているような安定感を感じます。

人は、起こっていることが
「良いこと」か「悪いこと」かを判断するのに
嬉しいか、嬉しくないか、で決めてしまおうとします。
飛行機が飛ぶとき、ぐらぐら揺れたり
怖くなったりするのは、嬉しいことではありません。
でも、飛行機が高く飛ぶには、
高度が上がっていくことは、文句なしの「いいこと」です。
そして、ほんとうに「いいこと」が起こっている限り
いつか、ぐらぐらする不安定な感じは、
終わりを迎えるのです。

うまれながらに

得体の知れない自信に満ちている人と

具体的な結果を積み重ねて

そこからはじめて自信を得る人とがいます。

このプロセスを

波のように交互に繰り返す場合もあります。

本当にぴったりした答えを選ぶとき、
人はそれを意識して「選んだ」という感覚を
あまり感じなかったりします。
「なんとなく、そう決まった」
という感覚を持つことが多いようです。

「いま行動して良いのかどうか」とか
「どっちに行けばいいのかわからない」とか
そんな迷いの中にいるなら、
ムリして結論を出そうとするのではなく、
なぜ、そんなふうに迷子になってしまっているのか？
と、どんどんツッコミを入れて行くほうがいいと思います。
AかBかで悩むのではなく
なぜそんな悩みが生まれたのか、
その出所を自分の心をつつき回して探してみると
行きどまりの向こう側に出られます。

タロットカードに「死神」というカードがあります。
これは、「物事の終わり、喪失」などを意味するとされ、
まったく嬉しくないカードと考えられています。
タロットをするとき、これが出てくると
恋する乙女はどきりとし、その結果を打ち消すために
必ず、もう一度占ってみたくなります。

でも、こういうことも考えられます。
恋に悩み、人生に迷い、
つい、何度も占いをしてしまっているとき
この「死神」が出たならば
これは「恋が終わる」のを意味しているのではなく
「とにかく、占いをやめなさい」
と、教えてくれているのかもしれない、ということです。

相手に受け止めてもらえないかもしれない

と思うと

表情や言葉は、暗くしつこく、言い訳がましくなります。

相手に受け止めてもらえるだろうな

と思うと

コミュニケーションは明るく、軽やかになります。

前提一つで結果が大きく変わる、

ということもあるのです。

迷っているということそれ自体が、

「時期尚早」を教えてくれる場合があります。

まだ早すぎるから迷ってしまっているので

その「タイミング」が来れば

迷いはいつのまにか、消えていたりします。

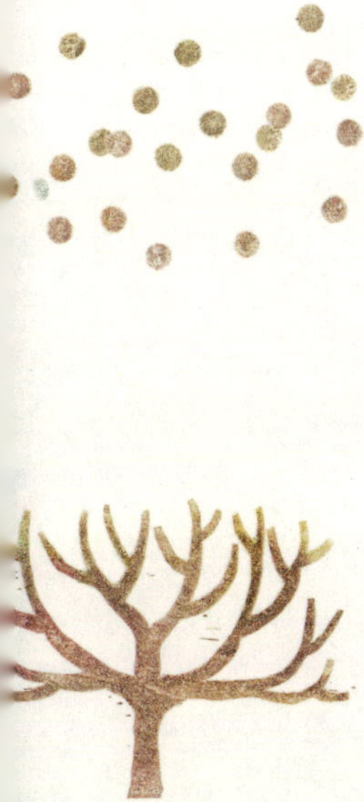

人は弱い生き物なので、不安になると、誰かに
「大丈夫だよ」
って言ってほしくなります。
誰かに何もかも決めてもらって、
守ってほしくなります。

でも、人は強い生き物なので
もし誰かに全部決めてもらってしまったら
すぐに、それに逆らって暴れ出したくなるのです。
誰も「大丈夫だよ」って言ってくれない
心細さの中でも
人はふるえながら、次の一歩を踏み出せます。

歩いた場所には若草が萌え、笑顔はバラの花に、
涙は全て真珠に変わる女の子。
そんなヒロインが登場する、
おとぎ話がありました。
現実にそんなことになったら生活は大変だと思いますが、
とてもきれいなお話です。

この物語が何を象徴するのか、私にもよくわかりません。
ただ、言えるのは、
その現象が起こったときの周囲の反応です。
彼女が笑ったり泣いたりするだけで
周囲は喜んだり動揺したりします。
一人の人間の行動や感情表現のうつくしさが、
そのそばにいる人々を否応なく、揺り動かすのです。

「目力」という言葉を、

ある映画監督さんが使っていました。

それは、若手女優さんのオーディション風景を

取材した場面でした。

演技力もなく、かわいらしくも垢抜けない少女達を、

どう選ぶか。

それを取材者に説明しようとして、

その監督が、何度かくり返し、口にしたのです。

「目力がある子がいいね」「あの子は目に力があるね」

というふうに。

目に、力がある。これはどういうことでしょうか。

その人の目を見たとき、

目の奥に何か強くどっしりしたもの、
旬の果実のようにはち切れそうに漲った水分を
感じることがあります。
弦楽器の弦のようにぴんと緊張した、
打てば響く心の張りや、あたたかな共感と涙の力を
感じることがあります。

奥行きのないものは、
美しくてもすぐに忘れられてしまいますが
内奥に深く、ゆたかさを蔵している美しさは
人の心に残りますし
それよりもまず、人を動かす力を持ちます。

「正直である」ということは、むずかしいのです。
甘えや独善とどう違うのか、と考えると、
わからなくなってくるのです。
正直であることが「イイ」と言えるのは、
たぶん、正直にふるまうことが
周囲に及ぼす影響を知って、
それを引き受ける勇気と覚悟が
できたときなのだと思います。

正直にふるまったとき、
誰かを傷つけたり、
誰かに負担をかけたりするかもしれない、
それでも尚、正直であろうとする、というのが、
正直の威力なのかもしれません。

花を花屋さんで買うのは簡単ですが

いざ、自分の手で花を咲かせようと思うと、

並大抵のことではありません。

たとえば、恋愛や結婚を夢見る人はしばしば、

花屋さんで花を買うようなイメージで愛を捉えますが

実際に愛の世界に突入したり、

結婚を目前に控えたりすると

咲くかどうかわからない苗に水をやったり

肥料をやったりじっと待ったり、

とにかく時間も手間も精神力もどんどん必要で、
どんどんどろんこになるので
「もう恋なんかしない」とか、「マリッジブルー」とか
そんなふうになってしまうのかもしれません。

でも、どろんこになって咲かせた花のほうが、
切り花で買ってきた花よりもずっと長持ちしますし、
どんどん殖やしていくこともできます。

「懇意にする」などの「懇」は、

「まこと」「まごころ」という意味の字です。

この「懇」の、上の部分には「ふみとどまる」

という意味があるそうです。

時間の流れの中に人ものも流れ去ってしまい、

人々は驚くほど簡単に、

少し前に起こったことを忘れてしまいます。

目の前の変化に心を奪われて、

いかに早く走り抜けるか、ばかりに

誰もが、日々汲々としているようにも思えます。

そんな中、時間の中でふみとどまること。

流れ去ってしまうものの前で一人、ふみとどまること。

「愛」という文字にもまた、

「ふり向き見る」という意があります。

人が人を個人としてほんとうに大切にするとき、

ちょっとだけ、時間は止まるのかもしれません。

手間や時間のかかることや、
複雑でも意味の深いことが、
いつからこんなに、
ほとんど邪悪なこととして扱われるようになったのか
私にはわかりません。
手間や時間をかけることは、本来、
「ひたすらに善いこと」
なのではないかと思うのです。

人が生きている時間は、限られています。
時間を使うということは、
生きているということそのもの、と言えます。
何をして生きるかということは
何に時間を使うかということに直結しています。
どう時間を使わないか、ではなく、
どう時間を使うか、が、大事なんだと思うのです。

ドラマや映画の中で、

本当の愛を描こうとするシーンでは

登場人物はたいてい、笑顔ではなく、

とても真剣な表情をうかべています。

無口だったり、かなり硬質な言葉を用いたりします。

人が本当に情熱的になったときは

うすっぺらい言葉や単純な表情は、出てこないのです。

もっときりっとしていて、熱く、

燃えるようでもあり、切りひらくようでもあります。

ふんわりした明るさではなく

心の真ん中を射貫くような鋭い光を放っています。

「欲」は、生命力そのもののようなエネルギーです。
一般には「ワルイモノ」とされがちですが
これがなければ人間は生きていられません。
大きなエネルギーは何でも、
それを注意して扱わなければなりません。
火や水がそうであるように
「欲」は、危ないからといって、
無視も放置もできません。
それが「ある」と認め、丁寧に用いることが、
どうしても必要なのです。

欲を押さえつけるのも、欲を暴走させるのも、
どちらも、人間を傷つける選択です。
そうした罠に陥らずに、
欲を「活かす」方法を探すことができるはずです。

「モチモチの木」という有名な絵本に、

こんな一節があります。

　じぶんで　じぶんを　よわむしだなんて　おもうな。

　にんげん、やさしささえあれば、

　やらなきゃならねえことは、

　きっと　やるもんだ。

　それをみて　たにんが　びっくらするわけよ。

　ハハハ

小さくて弱虫な男の子、豆太にむかって

おじいさんが言う台詞です。

まったく、このとおりだと思います。

フルパワーでなにかに打ち込んでいるときは
自分の現在地は、なかなかわかりません。
無我夢中になっているときは、いくらやっても
ちっとも進まないような感じがするのです。
でも
すっとばしていたスピードをふと、ゆるめたとき
自分がどんなに遠くまで来たか、に気づきます。

六割でも七割でも、勝利は勝利です。
100%の「完全な勝利」は、むしろ、
不安定な状況を生み出すことが多いのです。
なぜなら、完全な勝利の向こう側には
何かを完全に失った誰かが、生まれてしまうからです。

「お互いに得るものを得た上で、少しだけ勝つ」とか
「相手の自尊心を守った形で勝つ」とか
「相手が困らない範囲で勝つ」などは、
なかなか高等な技術を要することだと思います。
完全に勝利するよりも、
こちらのほうが難しいかもしれません。
相手もすこしだけ勝たせることによって、
自分の勝利の意味のスケールを大きくできる、
ということがあるんだと思います。

子どものときに怖かったものが、
大人になったら怖くなくなる
ということがあります。
このような、
「コワイ」から「こわくない」へ
「不安」から「不安じゃない」への変化というのは、
子ども・大人というスケールではなく
昨日までの自分、明日からの自分、
というレベルで
幾つになっても起こり得るものなのだろうと思います。

大事な人は特別に大事にし、

そうでもない人は、そうでもなくて良いのです。

なのに、大人になって社会に出ると、

不思議と逆のことをやってしまいがちです。

どうでもいいはずの知らない人には、

丁寧にたっぷり時間を使うくせに

一番大事な誰かのことは「ワタクシゴトですから」

なんて言って、棚に上げてしまったりします。

悪くいえば「えこひいき」かもしれませんが、

「えこひいき」によって

その人の心を守れる場合もあるのです。

一番大事なものを棚に上げすぎないように、

気をつけて下さい。

心の近くにいる人に、できるだけパワーを割くことは、

「いいこと」であるはずです。

ビジネスでも、勉強でも、スポーツでも、

およそ「競争」のある場では

「強み」

が大切です。

この「強み」が多かったり、堅牢だったりすると

その人はなかなか、負けることがありません。

そうした「強み」が明らかになるのは、たいてい

困難な場面や、ややこしい場面に置いて、です。

あたりまえの、普通の状態では見えなかった

自分の「強み」が

切迫した土壇場でいきなり、見えてくることがあります。

海外に移住した人が、

自国の歴史や文化について勉強しなおす

という話を耳にします。

ヨーロッパに転勤した人が、

学生が使う日本史の教科書を

送って欲しがるそうなのです。

語るべきことや自分の個性は、

「ルーツ」と深く関わっています。

個性とか能力とか才能とかはみんな

他者との「差」のことです。

生まれた場所から遠ざかれば遠ざかるほど、

自分の個性と結びついた「ルーツ」が、

意味を増すのかもしれません。

「責任は俺が取る！」なんて、カッコイイ台詞です。
「責任の取り方」は場合によりますが
「何に責任を持つか」という意識は、
どんな活動をする上でも
非常に大切なことだろうと思います。
たぶん、物事がスムースに進んでいるときは
「責任」などは意識せずに済みます。
つっかかったり噛み合わなくなったりしたとき、
はじめて「誰の責任？」「どこまでが自分の責任？」
となります。

「責任」と「誰のせいか」とは
微妙に重なり合った、別々の部分集合です。
責任を負う人と、原因となった人は、
しばしば、違う人だったりします。

現金が入った給料袋を手渡し！なんて、

今はほとんど無いのだろうと思います。

たいていは振込で、通帳の上に数字が刻まれるだけです。

クレジットカード決済や電子マネーの普及により

現金を持たなくても買い物は可能です。

恋愛関係でも、仕事でも、家庭でもそうですが

努力や真心、つみかさねられる尽力の価値が

「形」になって現れることは、

とても少なくなってきました。

何でも自動化され、数値化され、データ化され、
そこにあるようでいて、感じることはできないのです。
メールや電話で打ち合わせを済ませてしまうとき、
相手の苦悩や細やかな気遣いなどを
感じることはできません。

「形」は、本当は、人間にとって絶大な威力を持っています。
偶像崇拝を禁じたいくつもの宗教で、
それでも聖像が作られ、聖画が描かれた所以です。

何のカードかわからないまま、なんとなく持っていて、

苦境に陥ったとき、苦しまぎれにそのカードを使ったら、

全ての問題を一掃し、勝利することができた！

なんて、

まるっきり、魔法のような出来事です。

でもときどき、そんなことも、起こるようです。

現実にはいろいろあります、

溝や、諍いや、奪い合いや、利己主義やウソ、

遠い世界ばかりでなく、

身近な人のそれもしょっちゅう目にするし、

自分の中からもそれが出てくるし、

やってられない気持ちにもなります。

それでも、やっぱり、

人は愛し合うことができるし、

それには意味があるはずだ

と思えるでしょうか。

そんな燃えるようなあかるくあたたかいものが

人の胸の中から出てきて、

何かを変えることもあるのだと思います。

「死」と「性」が非常に近くにある概念であるように
「愛」と、「悲しみ」も、とても近くにある概念です。
強いだけのものやうつくしいだけのものは
人の興味をひきつけることはあっても
愛をひきよせることはありません。

愛情が生まれるのは、弱みや痛みのおかげです。
誰もが、容易に他人には見せない
弱さや悲しみを心に抱いていることを
愛は見抜いて、許してくれるものなのだと思います。

ごはんを食べると、体温が上がります。
素敵な人を見ると、ドキドキして嬉しくなります。
好きなもの、大切なもの、美味しいもの、
あったかいもの、なんでもいいのですが
自分のからだが燃えてきて、
筋肉が動きたくてうずうずするような
素敵な刺激をくれる存在に、
誰もが出会っているはずです。

しばしば、スポーツ選手やアーティストが
「見る人に夢を与えたい」という表現を使いますが、
どうも「夢」というのは、しっくりこない気がします。
あえて言うならば、
ごはんを食べて体温が上がるような、
好きな音楽を聴いて元気が出てくるような、
そういう感じが、彼らからもらえるものだと思うのです。

自分がしたいと思うことをするのは、

勇気の要ることです。

なぜなら、失敗したときのリスクが、

全て自分にかかってくるからです。

自分一人が傷つくだけならまだマシですが

自分がやったことの結果が

他の人にも影響を及ぼす場合、

誰もがそれを選び取ることを躊躇します。

リスクを怖れて、したいことをしない人を、

責めることはできません。

リスクを負って挑戦して失敗した人を、

笑うこともできません。

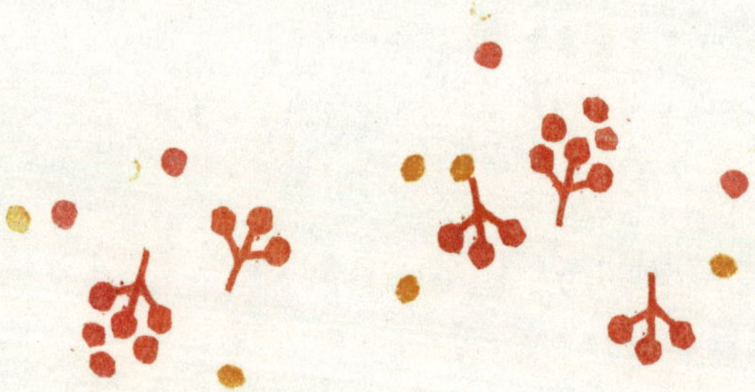

赤ん坊は泣き叫びます。

お腹がすいたり、おしめが気持ち悪かったり、

お腹がすいたりすればそうするしかないのです。

泣き叫べば、誰かがやってきて、世話をしてくれます。

自分ではできないのですから、仕方がありません。

これが彼らの「生活運営」です。

自分の命を、泣くことで確保していくのです。

それは権利で、義務でさえあります。

お腹が空いても泣かない赤ちゃんは、

命が危険に晒されます。

それは、周囲の人にとっての「危機」でもあります。

誰にでも様々な権利があります。

でも、その半分も行使していない人もいます。

欲しいものについて、

ちゃんと「欲しい」ということは大切なことです

それを言わなすぎたために、

かえって誰かを傷つけてしまうことも

あるのだと思います。

人が本当の意味で語りうるのは、自らの経験です。
どれだけのことを経験し、
その経験をどれだけ深く掘り下げたか、で
その人の語ることの説得力がちがってきます。
成功談よりも失敗談の方が
多くの場合、聴き手の心に響きます。
人は自分の成功についてはあまり深く考えませんが
失敗したことについては「なぜ失敗したか」と
執拗に考えてしまうものだからです。
考えれば考えるほど
その体験は、深く体験された、ということになります。

経験し、深く考えたとき、
人への影響力を持つことができるのだと思います。

追いつめられても、その先があります。
人は「追いつめられそうだ」と感じているとき
一番精神的に追いつめられているのだと思います。
本当に追いつめられてしまったら、そのとき、
「あ、自分はそう言えば、空を飛べたんだっけ」
と思い出して、
ふわりと抜け出すことに成功したりします。

なにかを怖がっているときのほうが、
その怖いことの中に飛び込んだときよりも、
ずっと気分が悪い場合が、多いのです。

カラオケの歌い始め、

自分の出すべき音を見失ってしまうことがあります。

でも、しばらく歌わずに注意深く聴いていると

メロディラインを探し出すことができたりします。

そして、メロディを探し出して歌い始めたとき、

今まで貴方の歌を半ば邪魔していた音たちが、

こんどは貴方のメロディを補強するために

鳴り出すようになります。

ネックレスのチェーンがゴチャゴチャに絡まって
それをヘンにひっぱったら
もっとこんがらがって、
ダンゴのようになってしまったことがあるでしょうか。
あれは、あせればあせるほどこんがらがるのです。

あれは、
まず、深呼吸して気持ちを落ち着け
机の上にそれをそっと置き、
その前に座り、
邪念を振り払って、
いちばんはじっこから、ほんとうにすこしずつ、
ゆっくりほぐしていくのです。
いくら時間がかかったっていいぞと
自分に念を押しながら
ちょっとずつ、ちょっとずつ、ときほぐしていくのです。

そうすると、最終的に、するりんとほどけます。

「克服」という言葉、
私は何となく好きになれなかったのです。
起こった出来事を踏みつぶして無視してしまうような
そんなイメージを抱いていたからです。

でもよく考えてみると
この言葉は、もっとおもしろい意味を
含んでいるような気もします。
「克服」、すなわち「打ち克」って、「服させる」のです。
屈服させ、承服させ、心服させる、
ということになるのです。

つまり、克服するということは、
それをそのあとも「連れて行く」のだと思います。
服従させて、自分の味方にしてしまうのです。
今まで敵だった相手が
自分の部下となって働いてくれる、
ということになるのです。
克服したものは、敵から味方に変わってくれるのです。

人間はいくつになっても学習し、成長する生き物です。
もちろん「当人がその気になれば」というのを
かならず付け加えなければなりません。
とはいえ、運命と呼ばれるような
なんだかわけのわからない力が
その人を否応なく成長過程に突き飛ばすこともあります。

外から突き飛ばされれば、誰でも頭に来ますが
ときどき、他人でも神様でもなく
もう一人の自分が、自分を突き飛ばすこともあります。
そんなときは、誰のせいにもできない状態で、
チャレンジを引き受けていくしか
ないのだろうと思います。

「千里の道も一歩から」

というコトワザは、決して

「一歩一歩を積み重ねて千里にするのは

ものすごく大変だぞ！」

という脅しではありません。

「一歩」

という、とても簡単で軽い作業をかさねていったら、

いつのまにか千里になっちゃった！

という

魔法みたいなすてきなプロセスを説明しているのです。

つまり

「やってみれば、現実はイメージよりももっと軽快だよ」

と説明しているのだと思います。

赤ん坊や子犬や子猫は、

弱くてなにもできない存在です。

ワガママで手がかかり、まぬけでたよりないのです。

でも、人はそれを心から愛します。

強いヒーローの心の中に隠された、

柔らかく脆い部分をみつけて、

人々は、それを宝物のように愛します。

「アート」と「クラフト」は、
ちょっと違っています。
「アーティスト」と「クリエイター」も、
ちょっと違います。
アートやアーティストは、
「自分自身」を作品にぶつけますが、
クリエイションやクラフトは、
それを受けとる誰かの顔を
胸の中にじっと見つめながら、
自分と相手の中間あたりで仕事をします。
自分の思いのままに表現する！ということ以上に、
具体的な誰かの喜ぶ顔や、
それを用いる手を思い浮かべながらする
「創造」もあります。

火打ち石をかち合わせるように
鐘をはなやかに打ち鳴らすように
誰かと出会うことがあります。
「スイッチ・オン」の衝撃です。

もしそこで、自分が少し弱くなったように
感じられたなら
その出会いに大きな意味があった証拠だと思います。
それは、これから自分の新しい、
未知なる輝きが光り出すことの小さな合図です。

「お説教」という言葉には、つらい印象があります。

「そこに座りなさい！」と言われて、

足のシビレを我慢しながら

聴きたくもない話を聴かされる、しんどい体験です。

でも、大人になって、

誰かにお説教を「する側」になってみると

すこし、その感触は変わります。

説教とは、決して、やりたくてやるものではなく、

説教する側も「しぶしぶ」なのです。

相手を大切に思えばこそ、やるものであって

どうでもいい相手には

絶対にそんなことしたくないのです。

誰だって、大事に思う相手に、

嫌われたりしたくないのです。

説教するということは、

相手に嫌われそうなことを敢えてする、わけなので

するほうにとっても、とてもつらいものです。

でも、もともと「説教」は「説法」などのように

それを聞いて感動の涙を流したり

自分が許されたように思えて

深く頭を垂れたりしたくなるもの、でもあります。

かたっぽの靴下ばかりが見つかるときは、
引き出しのナカミを全部、
出してしまうといいと思います。
ぜーんぶ出してしまえば、
靴下同士がだんだんにペアになり
やがて、全部「両足」の状態になるはずです。

たぶん、中途半端にキレイに処理しようと思うと、
よけいに時間がかかってしまうのです。
いろいろな要素が出てきたなら、
それを押さえ込もうとするのではなく、
どんどんポンポン出して行くほうが
面白くもなるでしょうし、厚みも増しますし
なにより、話が早い！だろうと思います。

「恵み」という言葉があります。

恵みの雨、太陽の恵み、等々

恵みはその人の「今」にふさわしいものが、

ふさわしい形で送られてくることを

意味するのだと思います。

乾きにあえぐ土地に太陽が降り注いでも、

洪水の苦しみに更に雨が降っても、

それは「恵み」にはならないからです。

ほんとうの恵みが届いたとき、

人は感動と喜びを感じます。

自然で、ふさわしく、力強く、

与える側と受け取る側に

何の矛盾もないのが「恵み」です。

誰がなんと言おうと嬉しいという感覚が、

「恵み」にはつきものだろうと思います。

深い闇が明るい朝を迎えると、
その空の色はどんどん変わっていきます。
真っ暗な空がふと、ほの白くなり、
紺から紫色、焼けるような赤から輝くオレンジ色へ、
中空に目をやるとすばらしい桃色や
ラヴェンダー色が広がります。
時々刻々とその色は、めまぐるしい変化を見せます。
今この色だと思ったのに、
数分経つと、全く別の色彩に変化しているのです。
そうしているうち、太陽が昇り、
夜の気配は完全に姿を消します。

一瞬で変化する時間もあれば、
こんなふうに、
グラデーション的に変わっていく時間もあります。
一つの色から別の色に変わる、
というシンプルな変化ではなく、
たくさんの色が次々に変わっていく、
もっと複雑で段階的な変化です。

およそ人生においてうれしいことは
愛するものがあり、誰かの愛情が感じられる、
ということだと思います。
大切にするものがあり、
誰かに大切にしてもらえたときは
これ以上の喜びはありません。

世界はしばしば、非常に理不尽です。
何も悪いことをしないのにひどい目に遭ったり、
誠実に尽くしてきたのに裏切られたりします。
自分が見ている景色と相手が見ている景色は
全然違っているのに
その違いを確かめる手段なんかほとんどありません。

だからこそ

誰かと気持ちが通じ合ったり、誰かに大切にされたり

誰かに、確かにいいことをしてあげられたりしたときは

ほんとう！に大きな喜びを感じることができます。

人間は寒いときや怖いときにもふるえますが

なにか真実なものに触れたり、

心から望んでいたものを手に入れたりするときも、

ふるえることがあります。

裁判では、何が起こったのかを

正確にたどることが求められます。

誰かの罪を決定し、量刑しなければならないからです。

でも、人と人との日々の関わりにおいては

別に、罪人を特定したり量刑したりすることは

本質的には、必要ではなかったりします。

誰かを罰したいとか、

自分が悪くないことを証明したいとか

そういうふうに思ってしまうこともあります。

でも、もしそれが実現できたとしても

幸福や充足を感じられるかというと、

そうでもなかったりします。

救う人も救われるのです。

救う人は救うことによって救われるのです。

ベタなところでいえば、

お坊さんやお医者さんや弁護士さんがそうです。

誰か困っている人、弱っている人、

苦しんでいる人を救うと

やりがいが得られ、収入が得られ、生活ができます。

あざといようですが、このことは誰にでも言えます。

誰かに何かをしてあげるということは

たとえそれが無償であっても

こちらもなにかしら、反作用のように、

受け取っているものがあります。

青い鳥の本

2011年6月8日　初版第1刷発行
2020年2月10日　　　第7刷発行

著者　石井ゆかり
絵　梶野沙羅
装丁・本文デザイン　淡海季史子
編集　釣木沢美奈子

発行人　三芳寛要
発行元：株式会社パイ インターナショナル
〒170-0005 東京都豊島区南大塚 2-32-4
TEL 03-3944-3981　FAX 03-5395-4830
sales@pie.co.jp

印刷・製本：株式会社アイワード

ISBN978-4-7562-4098-9 C0070
Printed in Japan